Miley C

Por United Library

https://campsite.bio/unitedlibrary

Índice

Descargo de responsabilidad

Este libro biográfico es una obra de no ficción basada en la vida pública de una persona famosa. El autor ha utilizado información de dominio público para crear esta obra. Aunque el autor ha investigado a fondo el tema y ha intentado describirlo con precisión, no pretende ser un estudio exhaustivo del mismo. Las opiniones expresadas en este libro son exclusivamente las del autor y no reflejan necesariamente las de ninguna organización relacionada con el tema. Este libro no debe tomarse como un aval, asesoramiento legal o cualquier otra forma de consejo profesional. Este libro se ha escrito únicamente con fines de entretenimiento.

Introducción

Este libro ofrece a los lectores una mirada al interior de la extraordinaria vida y carrera de Miley Cyrus. Desde sus primeros días como Hannah Montana hasta su audaz transición a una artista madura y provocadora, el libro narra el viaje de Cyrus con pasión y creatividad.

Reconocida como la "reina adolescente" de la década de 2000, Cyrus ha cosechado numerosos premios, entre ellos los Teen Choice Awards, los Billboard Music Awards, los MTV Video Music Awards y el Guinness World Records. Su capacidad para reinventarse queda patente en su variada discografía, que abarca desde pop rock para adolescentes hasta éxitos con influencias de R&B y rock.

Más allá de la música, Cyrus ha dejado su huella en la gran pantalla con papeles en películas como "La última canción" y "Guardianes de la Galaxia Vol. 2". También ha incursionado en la televisión con documentales, "Black Mirror" de Netflix y un papel de coach en "The Voice".

Este libro profundiza en la evolución de Cyrus no sólo como sensación musical, sino también como filántropa, actriz e influyente cultural. El libro de Miley Cyrus celebra los altibajos, los éxitos y las reinvenciones, ofreciendo una exploración en profundidad de una artista que sigue dando forma al panorama del entretenimiento.

Miley Cyrus

Miley Ray Cyrus (nacida el 23 de noviembre de 1992 con el nombre de Destiny Hope Cyrus) es una cantante, compositora y actriz estadounidense. Apodada el "Camaleón del Pop", ha sido reconocida por su versatilidad musical y sus continuas reinvenciones artísticas. Cyrus ha sido calificada como la "Reina Adolescente" de la cultura pop de la década de 2000 y considerada como uno de los pocos ejemplos de estrella infantil que llegó a tener una carrera de éxito como adulta. Entre sus galardones figuran 19 Teen Choice Awards, cinco *Billboard* Music Awards, cuatro World Music Awards, tres MTV Video Music Awards, un People's Choice Award, un GLAAD Media Award y ocho *Guinness World Records*. Fue clasificada como la novena mejor artista femenina *del Billboard* 200 de todos los tiempos, y ha aparecido en listados como el *Time* 100 en 2008 y 2014, el *Forbes* 30 Under 30 en 2014 y 2021, y el *Billboard*'s "Greatest of All Time Artists" en 2019.

Cyrus es la mayor de las dos hijas biológicas de los seis hijos del cantante de country Billy Ray Cyrus. Se convirtió en ídolo adolescente cuando interpretó al personaje principal de la serie de televisión de Disney Channel *Hannah Montana* (2006-2011). Como Hannah Montana, consiguió dos números uno y tres top cinco en el *Billboard*

200, y el sencillo "He Could Be the One" en el top ten del *Billboard* Hot 100 estadounidense. La carrera en solitario inicial de Cyrus consistió en los álbumes pop-rock para adolescentes *Meet Miley Cyrus* (2007) y *Breakout* (2008); estos lanzamientos contenían los singles estadounidenses top-ten "See You Again" y "7 Things". El extended play *The Time of Our Lives (2009),* alcanzó el número dos en Estados Unidos; su single principal "Party in the U.S.A." se convirtió en uno de los sencillos más vendidos en Estados Unidos y fue certificado diamante por la RIAA. Cyrus también lanzó la balada country pop "The Climb", que alcanzó el número cuatro. Tratando de reinventar su imagen, exploró el dance-pop en su tercer álbum, *Can't Be Tamed* (2010). El disco recibió críticas mixtas; sin embargo, su canción principal alcanzó el top ten en Estados Unidos.

Tras una pausa, Cyrus experimentó un cambio musical maduro y provocativo con *Bangerz* (2013), un álbum de R&B y hip hop que se convirtió en su quinto número uno. Con el sencillo "We Can't Stop" en el top 5 y su primer número uno en Estados Unidos "Wrecking Ball", le valió a Cyrus su primera nominación a los premios Grammy. Experimentó con la música psicodélica en su continuación, el álbum gratuito *Miley Cyrus & Her Dead Petz* (2015), abrazó el country pop en *Younger Now* (2017), del que salió el sencillo "Malibu", número diez en Estados Unidos, e incorporó el trap en el EP *She Is Coming*

(2019). Cyrus exploró el rock en *Plastic Hearts (2020)*, que encabezó la lista *Billboard* Top Rock Albums. Su siguiente álbum, *Endless Summer Vacation (2023)*, fue precedido por el single principal "Flowers", que batió varios récords en streaming y en las listas y marcó su segundo número uno en Estados Unidos. El álbum y la canción le valieron múltiples nominaciones a los Grammy, entre ellas las de Grabación, Canción y Álbum del Año, sus primeras nominaciones en las categorías generales.

Al margen de su música, Cyrus protagonizó las películas *Bolt* (2008), *Hannah Montana: La película (2009)*, La *última canción* (2010), *LOL* (2012) y *Tan de incógnito* (2013), y apareció en *Guardianes de la Galaxia Vol. 2* (2017). En televisión, dirigió y produjo el documental *Miley: The Movement (2013)*, ejerció de coach en la serie de concursos de canto *The Voice* (2016-2017), protagonizó el episodio "Rachel, Jack and Ashley Too" de la serie de Netflix *Black Mirror* (2019), presenta el especial navideño anual de la NBC *Miley's New Year's Eve Party* (2021-presente), y protagonizó y produjo ejecutivamente el documental especial de conciertos de Disney+, *Endless Summer Vacation (Backyard Sessions)* (2023). En 2014, fundó la organización sin ánimo de lucro Happy Hippie Foundation, respaldada por la serie de vídeos web *Backyard Sessions (*2012-2023).

Vida y carrera

1992-2005: Primeros años y comienzos de su carrera

Destiny Hope Cyrus nació el 23 de noviembre de 1992 en Franklin, Tennessee, hija de Leticia "Tish" Jean Cyrus (de soltera Finley) y del cantante de country Billy Ray Cyrus. Nació con taquicardia supraventricular, una afección que provoca una frecuencia cardíaca anormal en reposo. Su nombre de nacimiento, Destiny Hope, expresaba la creencia de sus padres de que conseguiría grandes cosas. Sus padres la apodaron "Smiley", que más tarde acortaron a "Miley", porque de pequeña sonreía a menudo. En 2008 cambió legalmente su nombre por el de Miley Ray Cyrus; su segundo nombre hace honor a su abuelo, el político demócrata Ronald Ray Cyrus, natural de Kentucky. La madrina de Cyrus es la cantante y compositora Dolly Parton.

En contra del consejo de la discográfica de su padre, los padres de Cyrus se casaron en secreto el 28 de diciembre de 1993, un año después de su nacimiento. Tuvieron dos hijos más, el hijo Braison y la hija Noah. De una relación anterior, su madre tiene otros dos hijos, Brandi y Trace. El primer hijo de su padre, Christopher Cody, nació en abril de 1992 y creció separado de su madre, la camarera Kristin Luckey, en Carolina del Sur.

Todos los hermanos maternos de Cyrus son artistas consagrados. Trace es vocalista y guitarrista del grupo de pop electrónico Metro Station. Noah es actriz y, junto con Braison, modela, canta y es compositora. Brandi fue músico del grupo de rock indie Frank + Derol y es DJ profesional. La granja de los Cyrus está situada en un terreno de 500 acres a las afueras de Nashville.

Cyrus asistió a la Heritage Elementary School del condado de Williamson mientras ella y su familia vivían en Thompson's Station, Tennessee. Cuando fue elegida para el papel de *Hannah Montana, la* familia se trasladó a Los Ángeles y Cyrus asistió a Options for Youth Charter Schools, donde estudió con un profesor particular en el plató. Criada como cristiana, fue bautizada en una iglesia baptista del sur antes de mudarse a Hollywood en 2005. Mientras crecía asistía regularmente a la iglesia y llevaba un anillo de pureza. En 2001, cuando Cyrus tenía ocho años, ella y su familia se trasladaron a Toronto (Canadá) mientras su padre rodaba la serie de televisión *Doc*. Después de que Billy Ray Cyrus la llevara a ver en 2001 una producción de Mirvish de *Mamma Mia!* en el Royal Alexandra Theatre, Miley Cyrus se agarró a su brazo y le dijo: "Esto es lo que quiero hacer, papá. Quiero ser actriz". Empezó a tomar clases de canto e interpretación en el Armstrong Acting Studio de Toronto.

El primer papel como actriz de Cyrus fue el de Kylie en la serie de televisión de su padre, *Doc*. En 2003, recibió crédito con su nombre de nacimiento por su papel de "La joven Ruthie" en *Big Fish*, de Tim Burton. Durante este periodo realizó una audición junto a Taylor Lautner para el largometraje *Las aventuras de Sharkboy y Lavagirl en 3-D*. Aunque fue una de las dos finalistas para el papel, prefirió aparecer en *Hannah Montana*.

Su madre asumió el papel de mánager de Miley y trabajó para conseguir un equipo que construyera la carrera de su hija. Cyrus firmó con Mitchell Gossett, director de la división juvenil de Cunningham Escott Slevin Doherty. A menudo se atribuye a Gossett el mérito de haber "descubierto" a Cyrus y de haber desempeñado un papel clave en su audición para *Hannah Montana*. Más tarde firmó un contrato con Jason Morey, de Morey Management Group, para que se encargara de su carrera musical. Contrató al director financiero de su padre como parte de su equipo.

2006-2009: *Hannah Montana* y los primeros lanzamientos musicales

Cyrus hizo una prueba para la serie de televisión de Disney Channel *Hannah Montana* cuando tenía trece años. Se presentó para el papel de la mejor amiga de la protagonista, pero la llamaron para el papel principal. A pesar de que al principio le negaron el papel porque era "demasiado pequeña y demasiado joven" para el papel, más tarde la eligieron como protagonista por sus dotes como cantante e intérprete. La serie se estrenó en marzo de 2006 con la mayor audiencia para un programa de Disney Channel y rápidamente se situó entre las series de mayor audiencia del cable básico. El éxito de la serie llevó a Cyrus a ser calificada de "ídolo adolescente". En septiembre de 2006 salió de gira con las Cheetah Girls como Hannah Montana e interpretó canciones de la primera temporada de la serie. Walt Disney Records publicó una banda sonora con el nombre del personaje de Cyrus en octubre de ese año. El disco fue un éxito comercial, encabezando la lista *Billboard* 200 en Estados Unidos y vendiendo más de tres millones de copias en todo el mundo. Con el lanzamiento de la banda sonora, Cyrus se convirtió en la primera actriz de Walt Disney Company con contratos en televisión, cine, productos de consumo y música.

Cyrus firmó un contrato de cuatro álbumes con Hollywood Records para distribuir su música no perteneciente a la banda sonora de Hannah *Montana*. En junio de 2007 publicó el álbum de dos discos *Hannah Montana 2: Meet Miley Cyrus*. El primer disco fue acreditado como la segunda banda sonora de "Hannah Montana", mientras que el segundo disco sirvió como álbum de estudio debut de Cyrus. El álbum se convirtió en su segundo en alcanzar el primer puesto del *Billboard* 200, y ha vendido más de tres millones de copias. Meses después del lanzamiento del proyecto, se publicó "See You Again" (2007) como sencillo principal del álbum. La canción fue un éxito comercial y ha vendido más de dos millones de copias en Estados Unidos desde su lanzamiento. Colaboró con su padre en el sencillo "Ready, Set, Don't Go" (2007). A continuación, Cyrus se embarcó en su exitosa gira Best of Both Worlds Tour (2007-08) para promocionar su lanzamiento. Los responsables de Ticketmaster comentaron que "no había habido una demanda de este nivel o intensidad desde The Beatles o Elvis". El éxito de la gira llevó al estreno en cines de la película de conciertos en 3D *Hannah Montana & Miley Cyrus: Best of Both Worlds Concert* (2008). Aunque en un principio iba a ser un estreno limitado, el éxito de la película hizo que se prolongara.

En febrero de 2008, Cyrus y su amiga Mandy Jiroux empezaron a colgar vídeos en el popular sitio web YouTube, a los que llamaban "The Miley and Mandy Show". En abril de 2008, un adolescente que pirateó su cuenta de Gmail filtró varias fotos de Cyrus en ropa interior y bañador. Surgió otra polémica cuando se informó de que Cyrus, que entonces tenía 15 años, había posado en topless durante una sesión fotográfica de Annie Leibovitz para *Vanity Fair*. Posteriormente, *el New York Times* aclaró que, aunque la foto daba la impresión de que Cyrus iba con los pechos al aire, estaba envuelta en una sábana y no hacía topless.

Cyrus publicó su segundo álbum de estudio, *Breakout* (2008), en junio de ese año. El álbum obtuvo las mayores ventas en la primera semana de su carrera hasta entonces y se convirtió en el tercero en alcanzar el primer puesto del *Billboard* 200. Posteriormente, Cyrus protagonizó junto a John Travolta la película de animación *Bolt (2008)*, su debut como actriz de cine; también coescribió la canción "I Thought I Lost You" (2008) para la película, que canta a dúo con Travolta. La película fue un éxito comercial y de crítica y le valió una nominación al Globo de Oro a la Mejor Canción Original.

En marzo de 2009, Cyrus lanzó "The Climb" (2009) como sencillo de la banda sonora de la película Hannah Montana. Tuvo una gran acogida comercial y de crítica, y se convirtió en un éxito en los formatos de música pop y country. La banda sonora, que incluye el single, se convirtió en el cuarto álbum de Cyrus en alcanzar el primer puesto del *Billboard* 200. A los 16 años, se convirtió en la artista más joven de la historia en tener cuatro álbumes número uno en la lista. En julio de 2009 publicó su cuarta banda sonora como Hannah Montana, que debutó en el número dos de la *lista Billboard* 200. Más tarde, Cyrus lanzó su primera colección de moda, "Hannah Montana". Más tarde, Cyrus lanzó su primera línea de moda, Miley Cyrus y Max Azria, a través de Walmart. La promocionó con el lanzamiento de "Party in the U.S.A." (2009) y el EP *The Time of Our Lives* (2009). Cyrus dijo que el disco era "un álbum de transición [...] realmente para presentar a la gente cómo quiero que suene mi próximo disco y con el tiempo podré hacerlo un poco más." "Party in the U.S.A." se convirtió en uno de los sencillos más exitosos de Cyrus hasta la fecha y se considera una de sus canciones emblemáticas. Se embarcó en su primera gira mundial, Wonder World Tour (2009), que fue un éxito comercial y de crítica. El 7 de diciembre de 2009, Cyrus actuó para la Reina Isabel II y otros miembros de la familia real británica en el Royal Variety Performance de Blackpool, Lancashire.

Billboard la clasificó como la cuarta artista femenina más vendedora de 2009.

2010-2012: *Can't Be Tamed* y se centra en la actuación

Con la esperanza de fomentar una imagen más madura, Cyrus protagonizó la película *La última canción* (2010), basada en la novela de Nicholas Sparks. Recibió críticas negativas, pero fue un éxito de taquilla. Cyrus intentó cambiar su imagen con el lanzamiento de su tercer álbum de estudio, *Can't Be Tamed* (2010). El álbum presentaba un sonido más dance que sus anteriores lanzamientos y suscitó una considerable controversia por su contenido lírico y las actuaciones en directo de Cyrus. Vendió 106.000 copias en su primera semana de lanzamiento y se convirtió en el primer álbum de estudio de Cyrus que no encabezaba la lista *Billboard* 200 en Estados Unidos. El segundo y último sencillo del álbum, "Who Owns My Heart", se publicó únicamente en Alemania. En octubre, Cyrus lanzó su última banda sonora como Hannah Montana, que fue un fracaso comercial.

Cyrus fue objeto de una nueva polémica cuando un vídeo publicado en Internet en diciembre de 2010 la mostraba, entonces con dieciocho años, fumando salvia con una cachimba. El año 2010 terminó con ella en el puesto número trece de la lista *Forbes* Celebrity 100. En abril de 2011 se embarcó en su gira mundial Gypsy Heart Tour, que no tuvo fechas en Norteamérica; citó sus diversos momentos polémicos como motivo, alegando que solo quería viajar donde sintiera "más amor". Tras el lanzamiento de *Can't Be Tamed*, Cyrus se separó oficialmente de Hollywood Records. Una vez cumplidas sus obligaciones con *Hannah Montana*, Cyrus anunció sus planes de tomarse un descanso de la música para poder centrarse en su carrera como actriz. Confirmó que no iría a la universidad.

Cyrus presentó el episodio del 5 de marzo de 2011 de *Saturday Night Live*, donde se burló de sus recientes polémicas. En noviembre se anunció que Cyrus sería la voz de Mavis en la película de animación *Hotel Transylvania*; sin embargo, en febrero de 2012 fue apartada del proyecto y sustituida por Selena Gómez. En aquel momento Cyrus dijo que su motivo para abandonar la película era que quería trabajar en su música; más tarde se reveló que la verdadera razón de su salida fue que le compró a su entonces novio Liam Hemsworth una tarta de cumpleaños con forma de pene y la lamió. Apareció en la serie de televisión de MTV *Punk'd* con Kelly Osbourne y Khloé Kardashian. Cyrus protagonizó junto a Demi Moore la película independiente *LOL* (2012). La película tuvo un estreno limitado; fue un fracaso comercial y de crítica. Protagonizó la comedia *So Undercover en el papel* de una agente encubierta del FBI en una hermandad universitaria.

Cyrus publicó en YouTube una serie de actuaciones en directo conocidas como *Backyard Sessions* durante la primavera y el verano de 2012; las actuaciones eran de canciones clásicas que le gustaban personalmente. Tras empezar a trabajar en un fallido cuarto álbum el año anterior, Cyrus reanudó su trabajo en un nuevo proyecto musical a finales de 2012. Colaboró con los productores Rock Mafia en su canción "Morning Sun" (2012), que se pudo descargar gratuitamente en Internet. Anteriormente había aparecido en el vídeo musical de su single de debut, "The Big Bang" (2010). Más tarde, Cyrus participó como vocalista invitada en "Decisions" (2012) de Borgore. Tanto Cyrus como Hemsworth aparecieron en el vídeo musical de la canción. Cyrus interpretó a Missi en dos episodios de la serie de la CBS *Dos hombres y medio*. Cyrus atrajo la atención de los medios de comunicación cuando se cortó el pelo castaño, tradicionalmente largo, en favor de un corte pixie rubio; comentó que "nunca se había sentido más [ella misma] en [su] vida entera" y que "realmente cambió [su] vida".

2013-2015: Bangerz y Miley Cyrus & Her Dead Petz

En 2013, Cyrus contrató a Larry Rudolph para que fuera su mánager, aunque actualmente está dirigida por Adam Leber, de Maverick; Rudolph es más conocido por representar a Britney Spears. Se confirmó que Cyrus había firmado con RCA Records para sus futuros lanzamientos. Trabajó con productores como Pharrell Williams y Mike Will Made-It en su cuarto álbum de estudio, lo que dio como resultado un sonido influenciado por el hip hop. Colaboró con numerosos lanzamientos de artistas de hip hop y apareció en la canción de Snoop Lion "Ashtrays and Heartbreaks" (2013), publicada como sencillo principal de su duodécimo álbum de estudio, *Reincarnated*. Colaboró con will.i.am en la canción "Fall Down" (2013), lanzada como sencillo promocional ese mismo mes. La canción entró en el *Billboard* Hot 100 en el número cincuenta y ocho, marcando su primera aparición en la lista desde "Can't Be Tamed" (2010). Participó como cantante invitada en la canción de Lil Twist "Twerk", en la que también cantó Justin Bieber. La canción no se publicó por razones desconocidas, pero se filtró en Internet. El 23 de mayo de 2013, se confirmó que Cyrus aparecería en el single de Mike Will Made It "23", con Wiz Khalifa y Juicy J. El single alcanzó el número once en el Hot 100, y había vendido más de un millón de copias en todo el mundo a partir de 2013.

Cyrus lanzó su nuevo sencillo "We Can't Stop" el 3 de junio. Considerado su regreso, se convirtió en un éxito comercial mundial, encabezando las listas de éxitos en territorios como el Reino Unido. El vídeo musical de la canción batió el récord de visitas en Vevo en las veinticuatro horas siguientes a su lanzamiento y se convirtió en el primero en alcanzar los 100 millones de visitas en el sitio. Cyrus actuó con Robin Thicke en los MTV Video Music Awards de 2013, una actuación que dio lugar a una amplia atención mediática y al escrutinio público. Sus actos sexuales simulados con un dedo de gomaespuma fueron calificados de "perturbadores" y toda la actuación de "acojonante". Cyrus lanzó "Wrecking Ball" (2013) como segundo sencillo de *Bangerz el* mismo día de los VMA. El vídeo musical que lo acompañaba, en el que aparecía columpiándose desnuda sobre una bola de demolición, fue visto más de diecinueve millones de veces en las 24 horas siguientes a su estreno, y suscitó las críticas de algunos por supuesta cosificación de Cyrus, entre ellos la también cantante Sinéad O'Connor, quien afirmó que "oscurecerás tu talento permitiendo que te chuleen, ya sea el negocio de la música o tú misma haciendo de chula". A pesar de ello, el single se convirtió en el primero de Cyrus en encabezar la lista Hot 100 en Estados Unidos, y se mantuvo en el número 1 durante tres semanas. Vendió más de dos millones de copias.

El 2 de octubre, MTV emitió el documental *Miley: The Movement*, que narraba la grabación de su cuarto álbum de estudio, *Bangerz,* que salió a la venta el 4 de octubre. El álbum fue un éxito comercial y debutó en el número uno del *Billboard* 200 con unas ventas de 270.000 copias en su primera semana. El 5 de octubre, Cyrus presentó *Saturday Night Live* por segunda vez. El 5 de noviembre, Cyrus participó en la canción del rapero Future "Real and True" con Mr. Hudson; el vídeo musical se estrenó cinco días después, el 10 de noviembre de 2013. A finales de 2013 fue declarada Artista del Año por la MTV. El 29 de enero de 2014, actuó en un concierto acústico en *MTV Unplugged*, interpretando canciones de *Bangerz* con la participación de Madonna. Se convirtió en el *MTV Unplugged* con más audiencia de la última década, con más de 1,7 millones de streams. Cyrus también apareció en la campaña de primavera de 2014 de Marc Jacobs junto a Natalie Westling y Esmerelda Seay Reynolds. Ese año lanzó su polémica gira Bangerz Tour (2014), que fue recibida positivamente por la crítica. A los dos meses de empezar la gira, el perro de Cyrus, el alaskeño Klee Kai, fue encontrado mutilado en su casa tras pelearse con un coyote. Dos semanas después, Cyrus sufrió una reacción alérgica al antibiótico cefalexina, recetado para tratar una infección sinusal, por lo que tuvo que ser hospitalizada en Kansas City. Aunque reprogramó algunas de las fechas de su gira estadounidense, la reanudó dos semanas después, empezando por la etapa europea.

Mientras colaboraba con los Flaming Lips en su nueva versión del *Sgt. Pepper's Lonely Hearts Club Band* de los Beatles, *With a Little Help from My Fwends*, Cyrus empezó a trabajar con Wayne Coyne en su quinto álbum de estudio. Afirmó que se estaba tomando su tiempo para centrarse en la música, y que el álbum no saldría a la venta hasta que ella sintiera que estaba listo. Coyne comparó su material de colaboración con Cyrus con los catálogos de Pink Floyd y Portishead y describió su sonido como "una versión ligeramente más sabia, triste y verdadera" de la producción de música pop de Cyrus. Cyrus también trabajó en las películas *The Night Before* (2015) y *A Very Murray Christmas* (2015) durante este periodo; ambos papeles fueron cameos. En 2015 empezaron a surgir informes de que Cyrus estaba trabajando en dos álbumes simultáneamente, uno de los cuales esperaba publicar gratuitamente. Así lo confirmó su representante, que afirmó que estaba dispuesta a rescindir su contrato con RCA Records si se negaban a dejarla publicar un álbum gratuito. Cyrus fue la presentadora de los MTV Video Music Awards 2015, convirtiéndose en su primera presentadora abiertamente pansexual, y ofreció una actuación sorpresa de una nueva canción "Dooo It!" (2015) durante el final del espectáculo. Inmediatamente después de la actuación, Cyrus anunció que su quinto álbum de estudio, *Miley Cyrus & Her Dead Petz* (2015), estaba disponible en streaming gratuito en SoundCloud. El álbum fue escrito y producido principalmente por Cyrus, y ha sido calificado de experimental y psicodélico, con elementos de pop psicodélico, rock psicodélico y pop alternativo.

2016-2017: *La* **Voz** y *Younger Now*

En 2016, tras el lanzamiento de su quinto álbum de estudio el año anterior, Cyrus volvió a trabajar en su sexto álbum de estudio. Fue una asesora clave durante la décima temporada del concurso de canto *The Voice*. En marzo, Cyrus había firmado como entrenadora para la undécima temporada de The *Voice en* sustitución de Gwen Stefani; Cyrus se convirtió en la entrenadora más joven en aparecer en cualquier encarnación de la serie. En septiembre de 2016, Cyrus coprotagonizó *Crisis in Six Scenes*, una serie de televisión que Woody Allen creó para Amazon Studios. Interpretó a una activista radical que provoca el caos en un hogar conservador de los años 60 mientras se esconde de la policía. El 17 de septiembre de 2016, apareció en *The Tonight Show Starring Jimmy Fallon* y versionó "Baby, I'm In the Mood for You" de Bob Dylan. Cyrus también tuvo un cameo de voz no acreditado como Mainframe en la película de superhéroes *Guardianes de la Galaxia Vol. 2*, estrenada en mayo de 2017.

El 11 de mayo de 2017, Cyrus lanzó "Malibu" como single principal de su sexto álbum. El sencillo debutó en el n.º 64 de la lista *Billboard* Hot 100 y alcanzó el n.º 10 en su segunda semana. El 9 de junio, Cyrus lanzó "Inspired" tras interpretar la canción en el concierto benéfico One Love Manchester. Sirvió como sencillo promocional del álbum. El 8 de agosto, Cyrus anunció que su sexto álbum de estudio se titularía *Younger Now* y que saldría a la venta el 29 de septiembre de 2017. La canción que da título al álbum se lanzó como segundo sencillo del álbum el 18 de agosto y debutó y alcanzó el número 79 en la lista *Billboard* Hot 100. El 27 de agosto, Cyrus interpretó la canción en los MTV Video Music Awards 2017. El 15 de septiembre, interpretó "Malibu", "Younger Now", "See You Again", "Party in the U.S.A." y una versión del éxito de Roberta Flack "The First Time Ever I Saw Your Face" (escrita por Ewan McColl) para la BBC Radio 1 Live Lounge. El 2 de octubre, como parte de sus apariciones musicales regulares de una semana en *The Tonight Show Starring Jimmy Fallon*, Cyrus cantó su exitoso sencillo de 2009 "The Climb" por primera vez desde 2011 junto a una versión de "No Freedom" de Dido en homenaje a las víctimas del tiroteo de Las Vegas. La primera ha sido interpretada desde entonces en múltiples actos benéficos y marchas democráticas como March For Our Lives. Ese mismo año, Cyrus también regresó como coach en la decimotercera temporada de *The Voice* tras tomarse un descanso de una temporada. El 5 de octubre de 2017, Cyrus confirmó que no regresaría a The *Voice* para la decimocuarta temporada. El 30 de octubre de 2017, Cyrus reveló que no lanzaría más sencillos de *Younger Now* ni haría una gira por él.

2018-2019: She Is Coming y Black Mirror

Antes del lanzamiento de *Younger Now* en septiembre de 2017, Cyrus expresó que estaba "ya dos canciones profundas en el próximo [álbum]". Los productores vinculados a su séptimo álbum de estudio incluyeron al colaborador anterior Mike Will Made It y a los nuevos colaboradores Mark Ronson y Andrew Wyatt. Su primera colaboración con Ronson, "Nothing Breaks Like a Heart", de su álbum de 2019 *Late Night Feelings*, se publicó el 29 de noviembre de 2018, con una gran acogida comercial, especialmente en Europa, donde alcanzó el número dos en la UK Singles Chart, así como en Irlanda, y encabezó las listas en varios países de Europa del Este, como Hungría o Croacia.

Durante el primer trimestre de 2019, Cyrus se hizo bastante notable por sus canciones versionadas. Tras haber participado ya en MusiCares Person of the Year en 2018 celebrando a Fleetwood Mac, volvió el año siguiente para homenajear la carrera de su madrina Dolly Parton interpretando "Islands in the Stream" junto al cantautor canadiense Shawn Mendes, con quien también interpretó "In My Blood" un par de días después en la 61ª edición de los Grammy. Otras versiones de Cyrus incluyen su versión de "No Tears Left to Cry" de Ariana Grande para el programa Live Lounge de BBC Radio, su participación en el concierto tributo a Chris Cornell I Am The Highway, donde cantó "As Hope & Promise Fade", así como su disco de versiones de "Don't Let The Sun Go Down On Me" de Elton John, incluido en el álbum tributo *Revamp: Reimagining the Songs of Elton John & Bernie Taupin.* Cyrus también homenajeó a John en el I'm Still Standing: A Grammy Salute to Elton John tribute concert en 2018, donde versionó "The Bitch Is Back".

El 31 de mayo de 2019, Cyrus tuiteó que su séptimo álbum de estudio se titularía *She Is Miley Cyrus* y constaría de tres EP de seis canciones, que se publicarían antes del álbum completo: *She Is Coming* el 31 de mayo, *She Is Here* en verano y *She Is Everything en* otoño. She Is *Coming,* que también incluía colaboraciones vocales con RuPaul, Swae Lee, Mike Will Made It y Ghostface Killah, debutó en el número cinco del *Billboard* 200 estadounidense con 36.000 unidades equivalentes a un álbum, mientras que el single principal "Mother's Daughter" entró en el número 54 del *Billboard* Hot 100 estadounidense. La remezcla de Wuki de "Mother's Daughter" recibió una nominación a la mejor grabación remezclada en la 62 edición de los premios Grammy, mientras que el vídeo musical original ganó dos premios MTV Video Music Awards. Cyrus promocionó el EP con una gira europea de verano que visitó festivales de primera fila como Glastonbury y Primavera Sound.

Cyrus protagonizó "Rachel, Jack and Ashley Too", un episodio de la serie de ciencia ficción de Netflix *Black Mirror,* que se rodó en Sudáfrica en noviembre de 2018. Se estrenó en Netflix el 5 de junio de 2019. En el episodio, interpretó a la estrella del pop ficticia Ashley O y puso voz a su extensión de muñeca de IA, Ashley Too. La trama se comparó con la tutela de Britney Spears y el movimiento Free Britney, del que Cyrus ha sido defensora. El vídeo musical de la canción "On a Roll" del episodio se estrenó el 13 de junio; la propia canción y la cara B "Right Where I Belong" se publicaron en plataformas digitales al día siguiente.

El 27 de junio, se reveló que Cyrus había colaborado con Ariana Grande y Lana Del Rey en "Don't Call Me Angel", el single principal de la banda sonora de la película de 2019 *Los ángeles de Charlie.* Se lanzó el 13 de septiembre de 2019. En agosto de 2019, Cyrus lanzó "Slide Away", su primera canción desde que anunció su separación del entonces marido Hemsworth. La canción insinuaba su ruptura y contenía letras como "Move on, we're not 17, I'm not who I used to be". En septiembre de 2019 se lanzó un vídeo musical que contenía más referencias, incluida una carta de diez corazones en el fondo de una piscina para representar el final de su relación de una década con Hemsworth.

2020-2022: *Plastic Hearts*, *Attention: Miley Live*, y proyectos televisivos

El 14 de agosto de 2020, Cyrus lanzó el single principal de su séptimo álbum de estudio, "Midnight Sky", y confirmó la cancelación de los EP *She Is Here* y *She Is Everything* debido a importantes cambios recientes en su vida que no encajaban con la esencia del proyecto, incluido su divorcio de Hemsworth, y el incendio de la casa de la pareja durante el incendio de Woolsey en California. "Midnight Sky" se convirtió en su single en solitario más vendido desde "Malibu" en 2017, alcanzando el número 14 en el *Billboard* Hot 100 de Estados Unidos. A nivel internacional, en el Reino Unido la canción ha alcanzado hasta ahora el número cinco en la UK Singles Chart. Más tarde, la canción se mezcló con "Edge of Seventeen" de Stevie Nicks. En octubre, Cyrus tuvo una tercera Backyard Session en MTV y anunció a través de Instagram que su séptimo álbum de estudio *Plastic Hearts* saldría a la venta el 27 de noviembre de 2020. Previamente estaba previsto que se llamara *She Is Miley Cyrus*, completando la serie EP una vez finalizada. El álbum fue lanzado con críticas positivas de los críticos y funcionó bien, debutando en el número dos en el Billboard 200, con 60.000 unidades, convirtiéndose en su duodécima entrada en el top ten de la lista. Con esa entrada, Cyrus batió el récord de álbumes del Billboard 200 que más veces han estado entre los cinco primeros en el siglo XXI por una artista femenina. *Plastic Hearts supuso* un paso de Cyrus hacia el rock y el glam rock y dio lugar a otros dos sencillos: "Prisoner", con la cantante inglesa Dua Lipa, y "Angels like You", que alcanzaron los puestos 8 y 66 respectivamente en el Reino Unido. El álbum también incluía colaboraciones vocales con Billy Idol y Joan Jett. Debido a la demanda popular y a la viralidad de las redes sociales, Cyrus incluyó las versiones en directo de "Heart of Glass" de Blondie y "Zombie" de The Cranberries.

Cyrus ganó un Webby Special Achievement Award en 2020. En febrero de 2021, Cyrus actuó en el primer espectáculo TikTok Tailgate en Tampa, para 7.500 trabajadores sanitarios vacunados. Sirvió como pre-show antes de la Super Bowl LV. Se emitió en TikTok y CBS. La actuación apareció en el vídeo musical de "Angels like You". En marzo de 2021, Cyrus abandonó RCA y firmó con Columbia Records, un sello hermano de RCA bajo el paraguas de Sony Music. Ese mismo mes, Cyrus abrazó sus días como Hannah Montana y escribió una carta abierta al personaje en las redes sociales con motivo del 15º aniversario de la serie, a pesar de todas las declaraciones de que sus días como Montana le provocaron a Cyrus una crisis de identidad. Desde entonces, no han cesado los rumores sobre una posible reposición de la serie. El 23 de abril de 2021, The Kid Laroi lanzó un remix de su single "Without You" con Cyrus, su primer lanzamiento con Columbia Records. El 3 de abril de 2021, Cyrus actuó en la NCAA March Madness Final Four en Indianápolis con los trabajadores sanitarios de primera línea entre el público. En mayo de 2021, firmó un acuerdo global con NBCUniversal, que incluía un acuerdo de primera vista con su estudio Hopetown Entertainment, como parte del cual desarrollará proyectos para los puntos de venta de la empresa y protagonizará tres especiales; el primer proyecto del acuerdo fue el especial del concierto *Stand By You* Pride, que se estrenó al mes siguiente en Peacock. En junio, Cyrus lanzó una versión de estudio de "Nothing Else Matters" de Metallica, que se incluyó en *The Metallica Blacklist*, un álbum homenaje al disco homónimo de la banda, con versiones grabadas por varios artistas y publicado con motivo del 30 aniversario del álbum original. En el tema también participan Elton John al piano, Yo-Yo Ma y Chad Smith de Red Hot Chili Peppers. La cantante ya había anunciado en octubre de 2020 un álbum de versiones de Metallica y había interpretado el tema en directo durante su actuación en Glastonbury.

Para promocionar *Plastic Hearts*, Cyrus anunció una gira de conciertos en torno al lanzamiento del álbum. La gira se pospuso debido a la pandemia, pero Cyrus pudo encabezar varios festivales de música en el país durante el verano de 2021, entre ellos Austin City Limits, Lollapalooza y Music Midtown. Ese mismo año, reveló que a principios de 2022 haría una gira por Sudamérica por primera vez en siete años. El segundo especial de su acuerdo con NBCUniversal fue *Miley's New Year's Eve Party*, que Cyrus copresentó desde Miami con Pete Davidson, miembro del elenco *de Saturday Night Live, y que* también produjo conjuntamente con su productora Hopetown Entertainment, con actuaciones de Cyrus, 24kGoldn, Anitta, Billie Joe Armstrong, Brandi Carlile, Jack Harlow, Kitty Cash y Saweetie.

En febrero de 2022, Cyrus se embarcó en su gira de conciertos en festivales de música, Attention Tour, en apoyo de *Plastic Hearts*, que tuvo lugar en Norteamérica, Sudamérica y Centroamérica. Esta fue su primera gira por Sudamérica desde su Gypsy Heart Tour en 2011. La gira concluyó el 26 de marzo de 2022. El 1 de abril de 2022, Cyrus lanzó su tercer álbum en directo, *Attention: Miley Live*. La mayor parte del álbum fue grabado durante su concierto como parte del Super Bowl Music Fest en el

Crypto.com Arena en Los Ángeles el 12 de febrero de 2022, con la lista de canciones incluyendo canciones de sus álbumes *Plastic Hearts*, *Miley Cyrus & Her Dead Petz*, *Bangerz*, *The Time of Our Lives*, *Breakout*, y *Meet Miley Cyrus*, junto con varias versiones. El álbum también incluye dos temas inéditos: "Attention" y "You". Ha dicho que el álbum ha sido "creado por los fans para los fans". Emily Swingle, de *Clash*, elogió la versatilidad de la voz de Cyrus y afirmó que "su voz es realmente una fuerza a tener en cuenta, que se adapta a la perfección a cualquier género que elija abordar". Desde la alegre canción country-hip-hop '4x4', pasando por el rap de '23', hasta el blues de 'Maybe' de Janis Joplin, parece que Cyrus puede encajar en casi cualquier género". A finales de ese mes, Cyrus lanzó la versión de lujo del álbum, que incluye seis canciones adicionales, entre ellas un mashup de "Mother's Daughter" y "Boys Don't Cry" con Anitta, que en su mayoría forman parte de su paso por el festival Lollapalooza de Brasil y otros espectáculos en Latinoamérica; comentó la incorporación de su single "Angels Like You" en su concierto en Colombia en agradecimiento porque la canción alcanzó el número uno en iTunes en ese país y porque sus fans cantaron la canción toda la noche fuera del hotel donde se alojaba en Bogotá. Al mes siguiente, la NBC anunció que *Miley's New Year's Eve Party había* sido renovada para una segunda iteración que se emitiría en la Nochevieja de 2022-23. En agosto de 2022, se anunció que Cyrus protagonizaría el telefilme navideño *Dolly* Parton*'s Mountain Magic Christmas*, producido por Dolly Parton para la NBC.

En diciembre de 2022, Morrissey anunció que Cyrus quería que le quitaran los coros de su próximo disco, grabado dos años antes, pero aún no publicado.

2023-presente: Vacaciones de verano interminables

Cyrus y su viejo colaborador Mike Will Made It anunciaron en las redes sociales de este último que su nueva música podría salir en 2023. Cyrus siguió insinuando una nueva era musical a través de una críptica campaña promocional -que incluía carteles en las principales ciudades del mundo, cuentas atrás en su página web y adelantos en vídeo- con la leyenda "Año nuevo, Miley nueva". Días después, durante la segunda edición de la *Miley's New Year's Eve Party*, se anunció el próximo single principal de la cantante, "Flowers". Salió a la venta el 12 de enero de 2023, acompañado de un vídeo musical dirigido por Jacob Bixenman. "Flowers" debutó en el número uno de las listas *Billboard* Hot 100, Global 200 y Global Excl. US, y permaneció trece semanas en cada una de ellas. Encabezando el Hot 100 durante ocho semanas no consecutivas, la canción se convirtió en el single más longevo y segundo número uno de Cyrus en Estados Unidos, después de casi una década desde "Wrecking Ball" (2013). También encabezó las listas de Australia,

Canadá, Francia, Alemania y el Reino Unido, y se convirtió en la canción que más tiempo ha sido número uno en los más de 60 años de historia de la lista *Billboard* Adult Contemporary (37 semanas). Las versiones demo e instrumental de "Flowers" le siguieron el 3 de marzo de 2023. El 5 de enero, Cyrus anunció su octavo álbum de estudio, *Endless Summer Vacation,* que coprodujo con Kid Harpoon, Greg Kurstin, Mike Will Made It y Tyler Johnson; salió a la venta el 10 de marzo de 2023. La cantante reveló la carátula del álbum y publicó un tráiler para apoyar el anuncio. Se trata de su primer trabajo de estudio con Columbia Records y lo describe como "su carta de amor a Los Ángeles", en la que reflexiona sobre la "fuerza que encontró al centrarse en su bienestar físico y mental". Cyrus desveló la lista de canciones a finales de febrero, revelando que Brandi Carlile y la cantante australiana Sia serían las artistas destacadas del álbum. *Endless Summer Vacation* debutó en el número tres del *Billboard* 200 estadounidense con unas ventas en la primera semana de 119.000 unidades equivalentes a un álbum. Se convirtió en su décimo álbum entre los cinco primeros y su decimocuarta entrada entre los diez primeros de la lista. El segundo sencillo del álbum, "River", se publicó el 13 de marzo de 2023. La canción debutó en el número 32 de la lista US Hot 100 y alcanzó el número dos de la lista Hot Dance/Electronic Songs. "Jaded", que alcanzó el número 56, se convirtió en el tercer sencillo en abril de 2023; en mayo se publicó un vídeo musical de la canción.

Con motivo del lanzamiento del álbum, se estrenó en Disney+ un concierto documental especial de la serie Backyard Sessions, titulado *Miley Cyrus - Endless Summer Vacation (Backyard Sessions)*. Producido por Cyrus, la cantante interpreta canciones del álbum y de su single de 2009 "The Climb". En junio, interpretó la voz de Van en la segunda temporada de la comedia de animación para adultos de Netflix, *Human Resources*. Volvió a grabar su canción de 2013 "Wrecking Ball" para aparecer en el álbum *Rockstar* de Dolly Parton, publicado el 17 de noviembre de 2023.

En agosto de 2023, Cyrus empezó a bromear con una canción inédita titulada "Used to Be Young". El single, extraído de la reedición digital de Endless *Summer Vacation*, se publicó finalmente el 25 de agosto de 2023, tras la emisión del documental especial de conciertos de ABC *Endless Summer Vacation: Continued (Backyard Sessions)*.

Artistry

Estilo musical e influencia

Miley Cyrus ha sido descrita principalmente como una cantante pop que también ha desarrollado un estilo rock. Su música abarca muchos otros géneros, como el pop adolescente, el country, el hip hop y el psicodélico. Cyrus ha citado a Elvis Presley como su mayor inspiración. También ha citado como influencias a artistas como Madonna, Lana Del Rey, Dolly Parton, Timbaland, Whitney Houston, Christina Aguilera, Joan Jett, Lil Kim, Shania Twain, Hanson, OneRepublic y Britney Spears. Desde el principio de su carrera musical, Cyrus ha sido descrita como una artista predominantemente pop. Su primer trabajo de estudio, *Hannah Montana 2: Meet Miley Cyrus, se caracterizó* por sonar similar a sus lanzamientos como "Hannah Montana", con un sonido pop-rock y bubblegum pop. Cyrus esperaba que el lanzamiento de *Breakout* (2008) le ayudara a distanciarse de este sonido; el disco presentaba a Cyrus experimentando con varios géneros. Cyrus coescribió ocho canciones para el álbum y se le citó diciendo: "Sólo espero que este disco muestre que, más que nada, soy una [compositora]". Las canciones de sus primeros discos tratan sobre el amor y las relaciones.

Cyrus posee un registro vocal de mezzosoprano, aunque en una ocasión se describió su voz como de contralto con un "toque de Nashville" tanto en su voz hablada como en la de cantante. Su voz tiene un característico sonido áspero, similar al de Pink y Amy Winehouse. En "Party in the U.S.A." (2009), su voz se caracteriza por estribillos belter, mientras que la de la canción "Obsessed" (2009) se describe como "ronca". Lanzamientos como "The Climb" (2009) y "These Four Walls" (2008) contienen elementos de música country y muestran la "voz gangosa" de Cyrus. Cyrus experimentó con un sonido electropop en "Fly on the Wall" (2008), un género que seguiría explorando con el lanzamiento de *Can't Be Tamed* (2010), su tercer álbum de estudio. En un principio, estaba previsto que incluyera elementos de rock antes de su finalización, y Cyrus afirmó tras su publicación que podría ser su último álbum pop. Las canciones del álbum hablan del deseo de Cyrus de alcanzar la libertad tanto en su vida personal como profesional. Empezó a trabajar en *Bangerz* (2013) durante un paréntesis musical, y describió el disco como "dirty south feel" antes de su lanzamiento. Los críticos destacaron el uso del hip hop y el synthpop en el álbum. Las canciones del álbum están colocadas en orden cronológico y cuentan la historia de su fallida relación con Liam Hemsworth. Cyrus describió *Miley Cyrus & Her Dead Petz* (2015) como "un poco psicodélico, pero todavía en ese mundo pop". Para su álbum de influencias rockeras,

Plastic Hearts, Cyrus citó a Britney Spears y Metallica como principales influencias.

Representaciones escénicas

Cyrus se ha hecho conocida por sus polémicas actuaciones, sobre todo en su gira Bangerz Tour (2014) y Milky Milky Milk Tour (2015). Su interpretación de "Party in the U.S.A." en los Teen Choice Awards de 2009 provocó un "alboroto nacional" por su atuendo y su baile en barra. La cantante se enfrentó a una controversia similar por su interpretación de "Can't Be Tamed" (2010) en *Britain's Got Talent, en la* que fingió besar a una de sus bailarinas de apoyo en el escenario; ella defendió la actuación alegando que no había hecho nada malo. Cyrus se convirtió en objeto de escrutinio público y mediático tras su interpretación de "We Can't Stop" (2013) y "Blurred Lines" (2013) con Robin Thicke en los MTV Video Music Awards de 2013. Vestida con un dos piezas de látex de color carne, tocó la zona de la entrepierna de Thicke con un dedo gigante de espuma y bailó twerking contra su entrepierna. La actuación provocó un frenesí mediático; un crítico comparó la actuación con un "mal viaje de ácido", mientras que otro la describió como un "choque de trenes en el sentido clásico de la palabra, ya que la reacción del público parecía una mezcla de confusión, consternación y horror en un cóctel de vergüenza". Cyrus entró en el escenario de su Bangerz Tour deslizándose por un tobogán en forma de lengua, y atrajo la atención de los medios durante la gira por sus atuendos y sus actuaciones subidas de tono.

Imagen pública

En los primeros años de su carrera, Cyrus tenía una imagen generalmente sana de ídolo adolescente. Su fama aumentó drásticamente a raíz del escándalo de las fotos de *Vanity Fair* en 2008, y se informó de que se podían vender fotografías de Cyrus a agencias fotográficas por hasta 2.000 dólares por foto. En los años siguientes, su imagen cambió radicalmente con respecto a su estatus de ídolo adolescente. En 2008, Donny Osmond escribió sobre la inminente transición de Cyrus a la edad adulta: "Miley tendrá que enfrentarse a la edad adulta.... Al hacerlo, querrá cambiar su imagen, y ese cambio se encontrará con la adversidad". El lanzamiento de su álbum *Can't Be Tamed* en 2010 vio cómo Cyrus intentaba oficialmente distanciarse de su personaje adolescente estrenando polémicos vídeos musicales para sus canciones "Can't Be Tamed" y "Who Owns My Heart". Su comportamiento a lo largo de 2013 y 2014 desató una gran controversia, aunque su madrina Dolly Parton dijo "...la chica sabe escribir. La chica sabe cantar. La chica es inteligente. Y no tiene por qué ser tan drástica. Pero respetaré sus decisiones. Yo lo hice a mi manera, ¿por qué no puede hacerlo ella a la suya?".

Cyrus es la número diecisiete en la lista de *Forbes* de las celebridades más poderosas de 2014; la revista señala que "La última vez que estuvo en nuestra lista fue cuando aún se revolcaba en el dinero de *Hannah Montana*. Ahora la cantante pop es toda una adulta y corteja la polémica a cada paso". En agosto de 2014, su vida se documentó en un cómic titulado *Fame: Miley Cyrus*; comienza con su polémica actuación en los MTV Video Music Awards de 2013 y abarca su fama en Disney, además de explorar su infancia en Tennessee. El cómic fue escrito por Michael L. Frizell, dibujado por Juan Luis Rincón, y está disponible en formato impreso y digital. En septiembre de 2010, Cyrus ocupó el décimo lugar en la primera lista de Bill*board de las* Menores Más Ardientes de la Música de 2010; ocupó el vigésimo primer lugar en 2011 y el decimoctavo en 2012. En 2013, *Maxim* incluyó a Cyrus en el número uno de su lista anual Hot 100. Cyrus fue elegida por la revista Time como una de las finalistas a Persona del Año en noviembre de 2013; quedó en tercer lugar con el 16,3% de los votos del personal. En marzo de 2014, el Skidmore College de Nueva York comenzó a ofrecer un curso de sociología de temas especiales titulado "La sociología de Miley Cyrus: raza, clase, género y medios de comunicación", que "utilizaba a Miley como lente a través de la cual explorar el pensamiento sociológico sobre la identidad, el entretenimiento, los medios de comunicación y la fama". En 2015, Cyrus figuró entre los nueve finalistas a Persona del Año de *The Advocate*.

Vida privada

Cyrus reside actualmente en Hidden Hills, California, y también posee una casa de 5,8 millones de dólares en Franklin, su ciudad natal. Aunque Cyrus fue criada como cristiana y se identificó como tal durante su infancia y los primeros años de su vida adulta, incluye referencias al budismo tibetano en la letra de su canción "Milky Milky Milk" (2015) y también está influenciada por creencias hindúes.

Sexualidad y género

Cyrus salió del armario con su madre a los 14 años y ha dicho: "¡Nunca quiero etiquetarme! ¡Estoy dispuesta a amar a cualquiera que me quiera por lo que soy! Estoy abierta". En junio de 2015, la revista Time informó de que es de género fluido. Fue citada afirmando que ella "no se relaciona con ser chico o chica, y no tengo que hacer que mi pareja se relacione con chico o chica." Cyrus declaró que está "literalmente abierta a todo lo que sea consentido y no implique a un animal y todo el mundo sea mayor de edad".

Cyrus es partidaria de la comunidad LGBT. Su canción "My Heart Beats for Love" (2010) fue escrita para uno de los amigos gays de Cyrus, y desde entonces ha afirmado que Londres es su lugar favorito para actuar debido a su amplio ambiente gay. Cyrus también tiene tatuado en su dedo anular un signo de igualdad en apoyo al matrimonio entre personas del mismo sexo. Tras su matrimonio con un hombre en 2018, Cyrus declaró públicamente que seguía identificándose como homosexual. Es la fundadora de la Happy Hippie Foundation, que trabaja para "Luchar contra la injusticia a la que se enfrentan los jóvenes sin hogar, los jóvenes LGBTQ y otras poblaciones vulnerables".

Veganismo

Cyrus se hizo vegana y dejó de comer productos animales en 2014. En septiembre de 2020, Cyrus reveló en *The Joe Rogan Experience* que tuvo que cambiar a una dieta pescatariana después de sufrir deficiencia de omega-3, diciendo "He sido vegana durante mucho tiempo y tuve que introducir pescado y omegas en mi vida porque mi cerebro no estaba funcionando correctamente." Cyrus reveló además que lloró al comer su primer pescado después de su dieta vegana, diciendo "Lloré por el pescado... realmente me duele comer pescado". Su decisión de dejar de ser vegana provocó la reacción de personas de la comunidad vegana y vegetariana, que acusaron a Cyrus de "abandonar su dieta vegana".

Consumo de cannabis

Cyrus ha hablado abiertamente de su consumo recreativo de cannabis. En 2013 declaró *a Rolling Stone* que era "la mejor droga del mundo" y la calificó, junto con el MDMA, de "droga de la felicidad". Al recoger el premio al mejor vídeo en los MTV Europe Music Awards de 2013, Cyrus apareció fumando un porro en el escenario; esto se eliminó de la retransmisión en diferido del espectáculo en Estados Unidos. En una entrevista de 2014 con la revista *W*, Cyrus declaró: "Me encanta la hierba" y "Simplemente me encanta colocarme". En una entrevista de 2017 en *The Tonight Show Starring Jimmy Fallon*, Cyrus reveló que había dejado el cannabis antes de la gira de prensa de su álbum *Younger Now* para poder ser "súper clara" al hablar del disco. Durante una entrevista de 2018 con Andy Cohen, le dio crédito a su madre por reintroducirla al cannabis. En 2019, Cyrus le envió al colaborador de "Nothing Breaks Like a Heart" Mark Ronson un ramo de cannabis de Lowell Herb Co como un regalo de San Valentín irónico. Ella invirtió en la compañía de cannabis en agosto.

Antes de someterse a una operación de cuerdas vocales en noviembre de 2019, y tras su recuperación postoperatoria, Cyrus ha declarado que se ha mantenido sobria del consumo de cannabis y alcohol.

Relaciones

Cyrus ha declarado que salió con el cantante y actor Nick Jonas de junio de 2006 a diciembre de 2007, afirmando que estaban "enamorados" y que empezaron a salir poco después de conocerse. Su relación atrajo una considerable atención mediática. Cyrus mantuvo una relación de nueve meses con el modelo Justin Gaston entre 2008 y 2009. Durante el rodaje de *The Last Song, Cyrus* comenzó una relación intermitente con su coprotagonista Liam Hemsworth en 2009. Durante las rupturas, Cyrus fue relacionada sentimentalmente con los actores Lucas Till (2009) y Josh Bowman (2011). Cyrus y Hemsworth estuvieron comprometidos por primera vez desde mayo de 2012 hasta septiembre de 2013. También ha salido con el actor Patrick Schwarzenegger (2014-2015) y la modelo Stella Maxwell (2015).

Cyrus y Hemsworth reavivaron su relación en marzo de 2016, y volvieron a comprometerse ese octubre. En noviembre de 2018, la casa de Cyrus y Hemsworth se quemó en el incendio de Woolsey en California. El 23 de diciembre, Cyrus y Hemsworth se casaron en una ceremonia privada en su casa de Nashville. Ella sentía que su matrimonio "[redefinía] lo que significa para alguien que es una persona queer como [ella] estar en una relación hetero", aunque "todavía se sentía muy atraída sexualmente por las mujeres". Cyrus indicó que la ceremonia era "algo fuera de lo normal para ella" porque "[ellos] han llevado anillos desde siempre [y]

definitivamente no lo necesitaban de ninguna manera".
Ella creía que la pérdida de su hogar era el catalizador
para casarse, citando que "el momento se sentía
correcto" y que "a nadie se le promete el día siguiente, o
el siguiente, por lo que [intenta] estar 'en el ahora' tanto
como sea posible". El 10 de agosto de 2019, Cyrus
anunció su separación. Once días después, Hemsworth
solicitó el divorcio, citando "diferencias irreconciliables".
Su divorcio finalizó el 28 de enero de 2020.

Tras el anuncio de su separación de Hemsworth, salió con
Kaitlynn Carter de agosto a septiembre de 2019. En
octubre de 2019, Cyrus comenzó a salir con el cantante
australiano Cody Simpson, un amigo de toda la vida. En
agosto de 2020, Cyrus anunció que ella y Simpson se
habían separado. Su anuncio coincidió con el lanzamiento
de su sencillo "Midnight Sky", inspirado en sus rupturas
con Hemsworth, Carter y Simpson.

Filantropía

A lo largo de su carrera, Cyrus ha cantado en varios sencillos benéficos como: "Just Stand Up!", "Send It On", "Everybody Hurts" y "We Are the World 25 for Haiti". A lo largo de los años ha visitado a fans enfermos en hospitales. Es una ferviente defensora del City of Hope National Medical Center de California, y ha asistido a conciertos benéficos en 2008, 2009 y 2012. En 2008 y 2009, durante sus giras Best of Both Worlds y Wonder World, donó un dólar a la organización por cada entrada vendida. Cyrus celebró su 16 cumpleaños en Disneylandia entregando una donación de un millón de dólares de Disney a Youth Service America. En julio de 2009, Cyrus actuó en el 20º picnic anual de famosos A Time for Heroes de la Elizabeth Glaser Pediatric AIDS Foundation y donó varios artículos, entre ellos artículos autografiados y un guión de *Hannah Montana*, para la subasta de la Ronald McDonald House. Cyrus ha apoyado a organizaciones benéficas como la Elton John AIDS Foundation, Entertainment Industry Foundation, Habitat for Humanity, United Service Organizations, Youth Service America y Music for Relief. En enero de 2010, Cyrus publicó el último vídeo en su cuenta *mileymandy* de YouTube. En el vídeo, Cyrus promovía el apoyo a To Write Love on Her Arms. Al día siguiente, Cyrus apareció en un vídeo promocional de To Write Love on Her Arms con Joaquin Phoenix y Liv Tyler. En febrero de 2010, donó varios artículos, incluido el vestido que llevó a la 52ª edición de los premios Grammy, y dos entradas para el estreno en Hollywood de su película *The Last Song*, para recaudar fondos para las víctimas del terremoto de Haití de 2010. En abril de 2010, Cyrus, en colaboración con la Fundación Make-A-Wish, actuó y se reunió con 29 niños en The Grove at Farmers Market de Los Ángeles (California). Cyrus ha seguido apoyando a la fundación Make-A-Wish y se ha reunido con al menos 150 niños.

En enero de 2011, Cyrus se reunió con un fan enfermo de espina bífida con la organización benéfica Kids Wish Network. En abril de 2011, apareció en un anuncio de la Cruz Roja Americana en el que se pedía a la gente que donara 10 dólares para ayudar a los afectados por el terremoto y el tsunami de Tōhoku de 2011. Ese mismo año, Hilary Duff entregó a Cyrus el primer premio Global Action Youth Leadership Award en la primera gala anual de los Global Action Awards por su apoyo a Blessings in a Backpack, una organización que trabaja para alimentar a niños hambrientos en las escuelas, y su campaña personal Get Ur Good On con los Youth Services of America. Cyrus declaró: "Quiero que (los niños) hagan algo que les guste. No algo que les parezca una tarea porque alguien les diga que eso es lo correcto o lo que quieren sus padres o lo que es importante para la gente que les rodea, sino lo que está en su corazón." En diciembre de 2011, apareció en un anuncio para la organización benéfica J/P Haitian Relief Organization, y se asoció con su hermano mayor Trace Cyrus para diseñar una camiseta y una sudadera con capucha de edición limitada con fines benéficos. Todos los beneficios de la venta de estos artículos se destinaron a su organización benéfica Get Ur Good On, que apoya la educación de niños desfavorecidos. Ese mismo mes, interpretó "The Climb" en el *CNN Heroes: An All-Star Tribute* en el Shrine Auditorium de Los Ángeles.

En 2012, Cyrus versionó "You're Gonna Make Me Lonesome When You Go" de Bob Dylan con Johnzo West para la organización benéfica Amnistía Internacional como parte del álbum *Chimes of Freedom*. También apareció en un anuncio de la campaña Rock the Vote, que animaba a los jóvenes a hacerse oír votando en las elecciones federales de 2012. Con motivo de su 20 cumpleaños, activistas de Personas por el Trato Ético de los Animales (PETA) adoptaron una cerda llamada Nora en su nombre. Cyrus también apoya a 39 organizaciones benéficas muy conocidas, entre ellas: Make-a-Wish Foundation, Cystic Fibrosis Foundation, St. Jude's Children's Research Hospital, To Write Love on Her Arms, NOH8 Campaign, Love Is Louder Than the Pressure to Be Perfect y The Jed Foundation, entre otras. En 2013, Cyrus fue nombrada la decimocuarta celebridad más caritativa del año por Do Something. También apareció junto a

Justin Bieber y Pitbull en un especial de televisión titulado *The Real Change Project: Artistas por la Educación*. El 26 de julio de 2014, se anunció que Cyrus aparecería junto a Justin Timberlake en un acto benéfico contra el VIH/sida en la Casa Blanca.

En los MTV Video Music Awards de 2014, Cyrus ganó el premio al Vídeo del Año por su canción "Wrecking Ball". En lugar de recoger el premio ella misma, invitó a un joven sin hogar de 22 años llamado Jesse a recogerlo en su nombre; lo había conocido en My Friend's Place, una organización que ayuda a jóvenes sin hogar a encontrar refugio, trabajo, atención sanitaria y educación. En su discurso de aceptación, Cyrus instó a los músicos a informarse sobre la situación de los jóvenes sin hogar en Los Ángeles a través de su página de Facebook. A continuación, Cyrus lanzó una campaña Prizeo para recaudar fondos para la organización benéfica; quienes hicieran donaciones entraban en un sorteo para tener la oportunidad de conocer a Cyrus en su gira Bangerz Tour en Río de Janeiro ese septiembre. A principios de 2015, Cyrus se asoció con la empresa de cosméticos MAC Cosmetics para lanzar su propia barra de labios Viva Glam, cuyos beneficios se destinaron al Fondo Mac contra el Sida.

En junio de 2017, Cyrus actuó en One Love Manchester, un concierto benéfico televisado organizado por Ariana

Grande tras el atentado del Manchester Arena en su concierto dos semanas antes. Durante una aparición en *The Ellen DeGeneres Show* en agosto de 2017, Cyrus reveló que donaría 500.000 dólares a los esfuerzos de socorro del huracán Harvey. En agosto de 2019, actuó en el Sunny Hill Festival en Kosovo, un festival para recaudar fondos para ayudar a las personas con dificultades financieras en Kosovo creado por Dua Lipa y su padre. En septiembre de 2019, Cyrus se reunió con otro fan a través de la Fundación Make-A-Wish en el iHeartRadio Music Festival 2019 en Las Vegas, Nevada. Cyrus y su entonces novio Cody Simpson donaron 120 tacos a trabajadores sanitarios en medio de la pandemia de COVID-19 en abril de 2020. Ese mismo mes, se asoció de nuevo con MAC Cosmetics para destinar 10 millones de dólares de su campaña anual Viva Glam a 250 organizaciones locales de todo el país muy afectadas por la pandemia.

Cyrus ha mostrado su apoyo al movimiento Black Lives Matter compartiendo enlaces y recursos en las redes sociales, poniéndose una máscara de Black Lives Matter y asistiendo a las protestas tras el asesinato de George Floyd.

Fundación Happy Hippie

Cyrus es la fundadora de la Happy Hippie Foundation, que trabaja para "luchar contra la injusticia a la que se enfrentan los jóvenes sin hogar, los jóvenes LGBTQ y otras poblaciones vulnerables". Desde 2014, la fundación ha atendido a casi 1.500 jóvenes sin hogar en Los Ángeles, ha llegado a más de 25.000 jóvenes LGBTQ y sus familias con recursos sobre género, y ha prestado servicios sociales a personas transgénero, jóvenes en zonas de conflicto y personas afectadas por crisis. Happy Hippie anima a los fans de Cyrus a apoyar causas como la igualdad de género, los derechos LGBTQ y la salud mental mediante campañas de concienciación y recaudación de fondos. En vísperas de las elecciones presidenciales de 2020, Happy Hippie animó a sus seguidores de Instagram a solicitar ayuda a VoteRiders para asegurarse de que la identidad de género no afectara a su derecho al voto.

El 15 de junio de 2015, Cyrus lanzó la campaña #InstaPride en colaboración con Instagram. La campaña presenta una serie de retratos protagonizados por personas transgénero y con diversidad de género, que se publicaron en su cuenta de Instagram con los hashtags "#HappyHippiePresents" e "#InstaPride". Su objetivo era fomentar la diversidad y la tolerancia mostrando a estas personas bajo una luz positiva como ejemplos para otros que pudieran estar luchando por descifrarse a sí mismos, así como un punto de referencia para las personas que no conocían personalmente a nadie en esa situación. Cyrus estuvo detrás de la cámara durante toda la sesión de fotos e incluso entrevistó a los 14 sujetos para que compartieran sus historias personales con sus retratos.

Decidió que predominara el color amarillo porque cree que es un color alegre y no sexualizado. Dijo que quería llamar la atención y celebrar a personas que normalmente no serían protagonistas de una sesión de fotos ni aparecerían en la portada de una revista.

Tras la pérdida de su casa de Malibú por el incendio de Woolsey, Cyrus y Hemsworth se asociaron con su comunidad para poner en marcha la Fundación Malibú de ayuda tras los incendios forestales de California de 2018. A través de la Happy Hippie Foundation, Cyrus y Hemsworth donaron 500.000 dólares a la Fundación Malibú.

Legado

El temprano éxito de Cyrus como rostro de la multimillonaria franquicia de Disney Channel *Hannah Montana* desempeñó un importante papel en la formación de la cultura pop adolescente de la década de 2000, lo que le valió el apodo honorífico de "reina adolescente". Bickford afirmó que Hannah *Montana* adoptó un modelo de negocio consistente en combinar actuaciones de famosos con cine, televisión y música popular para un público preadolescente. Calificó la serie de "definición de género" y comparó este modelo con el de artistas pop adolescentes de los años 90 como Britney Spears y NSYNC, que también se comercializaban para niños. Morgan Genevieve Blue, de *Feminist Media Studies,* afirmó que los principales personajes femeninos de la serie, Miley y su alter ego Hannah, se posicionan como sujetos postfeministas, de modo que su representación se limita a las nociones de feminidad y consumismo. El periodista de *The Times* Craig McLean calificó a Cyrus de "la mayor estrella adolescente del mundo".

Durante la gira Best of Both Worlds Tour, las entradas se agotaron en cuestión de minutos y los estadios se llenaron por completo, lo que la convirtió en la gira de conciertos más taquillera para un nuevo acto en 2007 y

2008. Según *Billboard* Boxscore, la gira Best of Both Worlds Tour tuvo una asistencia total de aproximadamente un millón de personas y recaudó más de 54 millones de dólares, lo que le valió a Cyrus el premio a la Actuación Revelación en los Billboard Touring Awards de 2008. En 2012, *Rolling Stone* clasificó a Cyrus como uno de los 25 ídolos adolescentes más importantes de la era del rock, a lo que Andy Greene escribió: "El ascenso de Miley fue meteórico". Las entradas para su gira Best of Both Worlds de 2007 se agotaron más rápido que para cualquier otra gira que se recuerde... Parecía que estaba a punto de convertirse en una versión más estable de Britney Spears, sobre todo después de los singles 'The Climb' y 'Party In The USA'". Debido a su popularidad, Paul McCartney comparó su éxito con el de los Beatles en una entrevista durante su gira en 2011. En este sentido, comentó: "Creo que cuando tienen nuevas sensaciones, como Miley Cyrus o Justin Bieber, los adolescentes se identifican con ellos, del mismo modo que los chicos se identificaban con los Beatles, [...] cuando tienes a miles de adolescentes sintiendo lo mismo, se vuelven eufóricos porque tienen este amor por algo en común, ya sean los Beatles, Miley Cyrus, Justin Bieber o lo que sea."

A lo largo de los años, la canción de Cyrus "Party in the U.S.A." ha ganado popularidad en la cultura estadounidense con motivo de fiestas y acontecimientos históricos. La canción ha vuelto a entrar en las listas cada Día de la Independencia desde su lanzamiento. Tras la muerte de Osama bin Laden el 2 de mayo de 2011, resurgió la popularidad del vídeo musical. El vídeo oficial de YouTube se inundó de comentarios relacionados con la muerte de Bin Laden e inmediatamente se consideró un himno de celebración del acontecimiento. En 2013, una petición en línea en el sitio web de peticiones "We the People" de la Casa Blanca instaba al entonces presidente Barack Obama a cambiar el himno nacional de Estados Unidos de "The Star-Spangled Banner" a "Party in the U.S.A.". Tras las elecciones presidenciales de 2020, cuando los principales medios de comunicación anunciaron que el candidato demócrata Joe Biden era el ganador de la carrera presidencial, el 7 de noviembre de 2020, los simpatizantes de Nueva York empezaron a cantar "Party in the U.S.A." en Times Square.

El álbum de Cyrus *Bangerz* (2013), junto con sus eventos promocionales, se considera uno de los momentos más controvertidos de la cultura popular más amplia de la década de 2010 y situó a Cyrus entre las figuras más polémicas de la década. El escritor de *Glamour* Mickey Woods comparó la "era" promocional del álbum con las del tercer y cuarto álbum de estudio de *Britney* Spears y Christina Aguilera, *Britney* (2001) y *Stripped* (2002), respectivamente, y añadió que el disco de Cyrus "probablemente se considerará retrospectivamente icónico, quizá incluso clásico". *Billboard* incluyó *Bangerz entre* los mejores y más influyentes álbumes de la década de 2010 y señaló que "con el lanzamiento de este álbum fundamental, Cyrus tomó las riendas de su imagen pública, sorprendiendo menos por sus provocadoras payasadas que por su constante evolución artística". Según Lyndsey Havens, se considera que el álbum marcó tendencia al "entretejer influencias urbanas y pop, lo que más se venera ahora es lo que representó entonces". Patrick Ryan, de *USA Today,* comentó que las colaboraciones de Cyrus con Mike Will Made It en el álbum contribuyeron a su nueva prominencia, afirmando que la posición de Mike Will Made It como productor ejecutivo le ha ayudado a "[saltar] a la primera línea como personaje interesante [...] en una época en la que muchos productores han vuelto a quedar entre bastidores". *Vice* describió a Cyrus como "la músico más punk rock que hay ahora mismo" y que está "girando en círculos alrededor de todas las estrellas del pop que intentan ser vanguardistas ahora mismo". MTV nombró a Cyrus mejor artista de 2013, y James Montgomery, de MTV News, explicó que Cyrus "[declaró] su independencia y [dominó] el panorama de la cultura pop", y añadió que "nos dio una lección -y nos sorprendió- a todos en 2013, y lo hizo a su manera". El personal *de Billboard* calificó a Cyrus como la "estrella del pop más comentada" de 2013, y también reconoció la controvertida evolución de su carrera como el "momento musical más importante" del año, detallando que ella fue un "torbellino que se expandió y rozó casi todos los aspectos de la cultura pop en 2013"."La publicación también incluyó "We Can't Stop" entre las mejores canciones de 2013 por ser "una de las elecciones musicales más atrevidas de los últimos tiempos, y ese riesgo mereció la pena enormemente", y una de las canciones que definieron la década al afirmar que "creó una nueva jugada en el libro de jugadas" de la música pop.

En 2015, Rebecca Nicholson, de *The Guardian,* publicó un artículo en el que llamaba a Cyrus la Madonna de su generación, afirmando que "es una superviviente de *Disney* con un enfoque fluido de la identidad de género. Y, como los viejos punks de tres acordes, da muy buenas citas". Según Nicholson, Cyrus adopta "el enfoque de Madonna de los 90 respecto a la sexualidad pública: es deliberadamente provocativa y, lo que es crucial, no está servida para el consumo masculino". Asimismo, defiende la polémica rebeldía de Cyrus, destacando que detrás del personaje hay una persona humana, talentosa y fuerte que consigue conectar con el público, al igual que la "Reina del Pop". En noviembre de ese mismo año, *Billboard* catalogó a la cantante como una de las Mejores Artistas de Todos los Tiempos *del Billboard* 200, ocupando el puesto treinta y uno. En 2017, la citada revista también publicó un artículo en el que nombraba a la cantante

"Queer Superhero" por su lucha filantrópica a favor de la comunidad LGBTQ+.

Discografía

- *Conozca a Miley Cyrus* (2007)

- *Fuga* (2008)

- *Can't Be Tamed* (2010)

- *Bangerz* (2013)

- *Miley Cyrus y sus mascotas muertas* (2015)

- *Younger Now* (2017)

- *Corazones de plástico* (2020)

- *Vacaciones de verano interminables* (2023)

Filmografía

- *Big Fish* (2003)

- *Concierto Hannah Montana & Miley Cyrus: Best of Both Worlds* (2008)

- *Bolt* (2008)

- *Hannah Montana: La película* (2009)

- *La última canción* (2010)

- *LOL* (2012)

- *Tan de incógnito* (2012)

- *Miley: The Movement* (2013)

- *Miley Cyrus: Tongue Tied* (2014)

- *Miley Cyrus: Bangerz Tour* (2014)

- *La noche anterior* (2015)

- *Una Navidad muy Murray* (2015)

- *Guardianes de la Galaxia Vol. 2* (2017)

- *MTV Unplugged Presents: Miley Cyrus Backyard Sessions* (2020)

- *Stand By You* (2021)

- *Vacaciones de verano interminables* (*Backyard Sessions*) (2023)

Visitas

Titulares

- Gira Best of Both Worlds (2007-2008)

- Wonder World Tour (2009)

- Gira Corazón Gitano (2011)

- Gira Bangerz (2014)

Promocional

- Gira de la Leche Láctea (2015)

- Gira de atención (2022)

Actuación de apertura

- The Cheetah Girls - Gira The Party's Just Begun (2006-2007)

Otros libros de United Library

https://campsite.bio/unitedlibrary